Béatrice Libert

La nuit porte jarretelles

Préface de
Jean-Pierre Verheggen

Cactus Inébranlable éditions

cactus.inebranlable@gmail.com
https://cactusinebranlableeditions.com/
N° d'éditeur - D/2020/12.789/2
ISBN : 978-2-39049-006-7

Maquette, mise en page, infographie :
Styvie Bourgeois

Couverture : *La nuit porte jarretelles*, Emelyne Duval

En toute libertée

Ils sont plus de cent ! Plus de cent « Jongleurs de mots » répertoriés par Patrice Delbourg – un orfèvre en la matière, un érudit ès rires ! – dans un « hénaurme » et superbe livre au titre éponyme, publié aux Editions Ecriture, à Paris. Ils sont tous morts certes quand bien plus que jamais magnifiquement présents dans leur plus beau posthume du dimanche mais sans femmes ! A leurs bras ou ailleurs, on aura beau chercher ! Comme qui dirait sans dents, quoi ! Veufs ! Est-ce par crainte qu'une femme puisse, à leurs dépens, porter le Panthéon – celui de l'humour, s'entend ? Que le sexe faible soit en (dé)mesure d'exhiber, lui aussi, ses dynamiteuses de lexiques, ses maraudeuses d'à-peu-près, ses bricoleuses d'homophonies auto-tamponneuses, ses verbo-funambules tous azimuts et autres tueuses à gags vif-argent ? Ou est-ce tout simplement parce qu'il n'y a pas – sinon guère eu autrefois – d'Ionesca, ni de Cras pour faire écho à Charles Cros ni, que sais-je ? de Pierrette Alberte Birat ? On nous rétorquera que pour ce qui est de la littérature de jeunesse, les Pef ou Yak Rivais – voire Carl Norac ! – ont aujourd'hui d'excellentes collègues dans la cour des filles et qui leur tiennent la dragée haute. Les Crapougneries d'une Nicole Claveloux et ses crottes de nez au Sourire qui mord il y a quelques années et les kiki-Grabouille et autres Gratte-Paillette sont là pour le prouver ! Clair et net ! Reste que c'est peut-être dans les ouvrages de poésie actuelle que les grandes envolées foldingues, tous sexes confondus, font le plus défaut ! Où sont, sans parler des enfants d'Obaldia, de Jean L'Anselme ou de Vincensini, nos Floupette, nos Fronettes, nos Watriquettes de Couvin, nos Toulettes du temps présent ? Pas facile de relever le défi ! Béatrice Libert qu'on a connue dans une tout autre vie littéraire s'y emploie qui n'hésite pas, tantôt à faire le bras de « frère » avec les jongleurs de grimauds précités ou à s'afficher en zozotante amie de récré de Zazie, tantôt à se révéler plus subtilement digne descendante d'un Tardieu pour mieux nous faire entrer, avec elle, dans cette comédie universelle du langage, chère à ce bon vieux Jean ! Qui n'hésite pas, disais-je, à s'exposer, à passer du scolaire parodié (qu'on lise ses problaimes (sic) où prix, mesure, poids et autres valeurs indicatives sont revus à la hausse de l'hilarité générale) à quelques pages d'un dictionnaire complice pour saluer – histoire ou plutôt Izoard d'y voir plus clair entre son œuvre et son intimité ! – le grand poète liégeois récemment disparu ! On l'aura compris, Béatrice Libert est ici – d'abord et avant tout ! - une étonnante détourneuse. Qu'il s'agisse de nos assuétudes socio-économiques les plus grégaires ou des aguiches promotionnelles que nous débitent à longueur d'année les folders de nos magasins de grande surface ou les notices pharmaceutiques, les avis péremptoires, les suggestions pour ceci, les instructions pour cela – vive coca-cola ! -, le chemin de fer, les modes d'emploi, tout y passe qui sous sa plume trépasse ! Le tout émis sur un ton de guidance collectiviste, contrefait par une délicieuse voix d'aéropoétesse. C'est bien joué ! C'est pour tous les âges et sans rides ! C'est nouveau et ça vient de « sotir » ! Vous apprécierez vous aussi d'autant plus que d'entrée de jeu on vous prie d'avancer vers le fond du poème ! Je vous le disais, il n'y a pas que la forme en effet – le ludisme pour le ludisme ! – il y a le ciboulot qu'on met en question ! Même avec un entonnoir sur la tête, on peut réfléchir, pas vrai ?

Jean-Pierre Verheggen

Avertissements

Merci d'avancer
vers le fond du poème.

Autorisations

Ce livre est une issue de secours
Il n'est pas formellement interdit
De débloquer son mécanisme
De sériosité

*

Autorisation de marcher
Sur les pieds des vers

*

Ne pas tenir
Les hyperboles
En laisse

SNCFement

Votre attention s'il vous plaît...

En raison d'un périmètre d'insécurité, le poème à destination de votre existence entrera voie cérébrale droite. Il desservira Matin, Midi, Minuit, Petites-Heures-et-Autres-Folies, Faubourg-du-Songe et Claire-Fontaine.

Nous vous rappelons que pour être valable, votre haïku doit être composté avant de monter à bord.

Nous vous souhaitons une agréable ballade.

*

Devant la présence toujours possible de pickpockets à bâbord, à tribord et dans les marges, nous vous recommandons de surveiller votre langage.

*

Mesdames, Messieurs,
Vous êtes bien à bord du poème à destination de votre existence. Notre départ est imminent. Attention à la fermeture automatique des strophes.

Mat & mathique

Nous tissons les objets réels à partir du fil de l'étoffe dont sont faits les rêves mathématiques.

Jean-Pierre Luminet

Théoraime

Pour élever la puissance d'un poème à une autre puissance, on affecte le poème proposé d'un subconscient égal au produit des deux puissances en question.

Principe d'archimaître

Tout poème plongé dans un lecteur subit de la part de ce lecteur une poussée transcendante optimale égale au chant des mots déplacés dans son âme.

La réciproque est aussi vraie

Tout lecteur plongé dans un poème subit de la part de ce poème une poussée transcendante optimale égale au chant des mots déplacés dans son âme.

Problaimes

P 1

Trouvez le volume et la surface totale
1° d'un haïku de 4 cm d'arête,
2° d'un sonnet dont les côtés opposés mesurent respectivement 20 cm, 10cm, 2 mm,
3° d'un quatrain fixé par un trombone à la facture du gaz.

P 2

Une élégie longue de 45 mètres et large de 12 cm a coûté 3 jours et 4 nuits à son auteur. Calculez le prix de revient du mètre courant au tarif :

1° de la SCAM,

2° du marché noir,

3° d'une femme de ménage de moins de 50 ans.

P 3

Une pile de recueils de poésie de 25 cm de long, 15 cm de large et 2 m de haut a coûté 1500 €.
Combien aurait-elle coûté si elle avait eu 2 étages :
1° à la Fnac,
2° chez un libraire de quartier,
3° sur la Batte un dimanche ?

P 4

La tonte d'un troupeau de 90 poètes a fourni 360 kg de vers bruts, valant 20 € le quintal. Trouvez la valeur de la tonte d'un troupeau de 175 têtes, parfois chauves, mais toujours endémiques de fiévreux alexandrins.

P 5

On fabrique, en vers libres, des poèmes si ténus que 1000 mètres de ces vers ne pèsent que 5cg. Combien de fois pourrait-on faire le tour de la terre avec 1 myriagramme de ces vers ?

P 6

Une plaque tournante C, pour quatrains modernes seulement, est reliée à une maison d'éditions B par deux tuyaux. Un recueil partant de A, poète en tête, est arrivé à B, poème en tête.
Expliquez la manœuvre exclusivement à l'aide de la poésie.

P 7

Un recueil de poésie long de 1500 poèmes doit être découpé en séquences de 30 textes. Combien de coups de ciseaux faudra-t-il donner ?

P 8

Jeu de poète dans l’embarras. Composez un recueil complet de 60 poèmes égaux dont la base est le double de la hauteur.

Vous r'prendrez bien un p'tit aphorisme

Mettez un poème
Dans votre moteur !

Ton visage est dans tes mots.

Dans l'herbe rouge, le pas de la question.

Désir noir : la nuit fond sur la langue.

Le chemin le plus court : le baiser.

Un songe me mordille l'épaule, et il a ta bouche.

La clef du poème ne loge pas dans la serrure de l'idée.

Matin sans agenda autre que celui de ton corps.

Afin d'encore songer à vous, j'ai fait un nœud dans ma nuit.

Le poisson de l'âme dans le bocal du jour froid.

On sort rajeuni de tous les musées du monde.

La nuit s'est tiré une balle dans mon sommeil.

Aux rides du temps, nous prêtons nos visages.

Chaque jour tu t'éveilles, dans le doux nom de Wallonie.

Une ville sans jardin est un visage sans regard.

Quand les arbres ont des querelles d'amoureux, ils font branche à part.

Présente au monde ; absente au poème.

L'oiseau qui ignore son nom l'approuve pourtant de ses ailes.

La vague aux pieds, le poème marche sur l'amer.

Marcher sur la peau du réel et tendre vers le centre de l'absence.

La pluie comme une auberge triste et demain qui rêve en *fa* mineur.

Traverser son propre rêve et aboutir à la source du pardon.

N'essaie pas de forcer l'ennui ; c'est le sentier qui mène à la poésie.

Ce que jamais tu n'atteins ouvre en toi une lueur intime.

Le jazz en goutte à goutte dans les veines du soir.

L'idée est à la pensée ce que la pierre ponce est à la lave ou la pomme au verger.

Je n'ai nul besoin de me déguiser en Indienne pour me sentir Apache.

À Lanzarote, ils ont une culture poussée du caillou.

Petit poème boira le vin nouveau, très loin de tout cadavre, même exquis !

J'abandonnerais volontiers mon esprit dans une jarre, et le vent mutin en ferait du vin.

Un nouveau soir s'endort comme un aveugle sans page blanche à son côté.

Toute l'ombre bue par la mer, recyclée par les vagues qui en font de l'écume.

Un court poème peut couvrir un très grand bruit.

Le carré est un cercle qui a mal tourné.

Je tombe des nues comme un matin sans aube.

Ils se rencontrent toujours pour la première fois dans un poème, le temps qu'il fait et le temps qui passe.

Il est toujours trop tard à la montre des solitudes pour regarder tomber le soir dans le bol fumant des regrets.

Tu n'emporteras rien, à peine ta nudité piquée d'épines.

Quelque part, quelqu'un tisse ton linceul.

Il y a, dans la fraîcheur de l'aube, un bonheur qui se suicide.

Ne tendons pas la joue au paysage, la pluie nous giflerait.

Le poème du Rien passe par le chas du grand Tout qui cadenasse nos vies.

Ramasse ta joie et danse !

Les mots sont des fourmis qui cachent des éléphants.

Le printemps rêve tout haut dans la bouche du cerisier.

Des bouquets de mimosa chantent en moi.

L'eau tremble de devenir un piège à papillons.

Le rêve est un lendemain qui bourgeonne.

Le rêve que nous ne portons pas nous rend orphelins du monde.

Le poème abandonné au bord du pain attend l'oiseau qui en fera sa mie.

Je suis la pluie qui sourit même aux feuilles mortes.

Le jaune n'est pas une couleur, mais la musique vivante des abeilles.

Quand l'arbre dit fleur, il pense fruit.

Il y a une larme de silence sur la bougie qui s'éteint.

Pendu à la ligne, le linge.

Les galets bleus qu'attendent-ils ?
Font-ils le vœu d'être fertiles ?

La pluie qui tombe, pleure-t-elle sur son passé ?

On n'enfermera jamais la lumière.

Elle écrivait des phrases si courtes que la grammaire s'en offusqua.

Ton rire, comme un thé à la menthe, embaume la maison de soyeuses harmonies.

Vivre si lent que les balles qui tuent aient le temps d'oublier.

Je couche avec les mots, passion incestueuse et belle. N'est-ce pas là, dit-on, ma langue maternelle ?

N'enlève rien à la pudeur des choses : bois la rosée dans la rose.

La nuit n'est pas l'envers du jour, mais l'envers de nous-mêmes.

Sablier renversé sur la page, le poème est une vitre qui se souvient du sable.

Tu as plus de questions que de réponses. Les questions aident à vivre ; les réponses, à se perdre.

C'est ainsi que l'on meurt : accroché à soi-même.

Quelle bête en nous aboie si fort ?

Dans l'improbable germent des rocs d'éternité.

Derrière l'arbre, une forêt disparue.

La mer ne fait pas son âge.

L'homme, ce *Lego* pour l'homme.

Ce qui me tient lieu d'horizon : ton visage ouvert.

Loué soit le mot qui a pris goût au large !

Il y a des mots justes qui sont sans voix et des mots faux qui parlent plus haut que leur ombre.

N'avoir pour liberté que ses propres contraintes.

Le plus-que-parfait est passé de mode.

Sur quelle page écrire quand la vie nous aveugle ?

L'araignée tisse son silence pour le mettre à l'abri.

Entre l'arbre et l'écorce, le doigt du destin.

Le chemin s'étrécit : nous touchons aux myrtilles.

La boussole indique l'autre.

L'adieu est une conjugaison très lente.

Au plus nu du silence, un poème t'attend.

Sur le toit de l'enfance, l'aube d'un poème.

Ce sont les jeunes herbes qui font avancer les vieux troupeaux.

Les gens bruyants se croient importants ; ils ne sont qu'importuns.

Un esprit carré n'aura jamais la légèreté féconde d'une âme ronde.

C'est dans le poème que se fiancent les parallèles.

Dictons à moudre

La lecture, c'est l'errance.

Pascal Quignard
Les ombres errantes

Chez les volailles, on dit :
« Faut pas prendre les canards du Bon Dieu pour des enfants sauvages. »

Chez les chats, on dit :
« Au bruit, on reconnaît l'homme. »

Chez les ânes, on dit :
« Brider l'homme par la queue. »

Chez les poules, on dit :
« Je hais l'impondérable. »

Chez les coqs, on dit :
« Loin des œufs, loin du beurre. »

Chez les corbeaux, on dit :
« Brayer aux corneilles. »

Chez les hirondelles, on dit :
« Un bain de soleil ne fait pas le printemps. »

Chez les passereaux, on dit :
« La mie ne fait pas le moineau »

Chez les moules, on dit :
« Ce n'est pas la casserole à boire. »

Chez les menuisiers, on dit :
« Simple comme clou. »

Chez les couturières, on dit :
« Revenons à nos boutons. »

Chez les jardiniers, on dit :
« C'est au pied du potager qu'on
voit le colimaçon. »

Chez les cafetiers, on dit :
« Bière qui roule n'amasse pas
mousse. »

Chez les 'DJ', on dit :
« Faire l'âne pour avoir du son. »

Chez les pharmaciens on dit :
« Nous voilà dans de beaux
sparadraps ! »

Chez les curés, on dit :
« Il y a toujours église sous cloche. »

Chez les athées, on dit :
« Il vaut mieux avoir à faire à des seins qu'à Dieu. »

Chez les libres penseurs, on dit :
« Une foi n'est pas coutume. »

Chez les érotomanes, on dit :
« La nuit porte jarretelles. »

Chez les péripatéticiennes, on dit :
« Faire la couche du moche. »

Chez les Dom Juan, on dit :
« Être servi à la braguette. »

Chez les cyclistes, on dit :
« Être le guidon de la relance. »

Chez les emprunteurs, on dit :
« Chacun sait où le rat blesse ».

Chez les cornacs, on dit :
« Faire d'un éléphant, une puce. »

Chez les marins, on dit :
« Arriver comme marée en
poème. »

Chez les insectes, on dit :
« Les murmures sont des
abeilles. »

Chez les perdants, on dit :
« Tout revers a sa médaille. »

Chez les silencieux, on dit :
« Qui dit mot con, sent. »

Chez les Inuits, on dit :
« Souffler le froid et le sot. »

Chez les enfants, on dit :
« Il n'y a plus de parents. »

Chez les sémioticiens, on dit :
« L'homme descend du signe. »

Chez les écrivains, on dit :
« On ne fait pas d'hommes de lettres sans caser des bœufs. »

Chez les barbiers, on dit :
« Un poète rase l'autre. »

Chez les météorologistes, on dit :
« La pluie hait le beau temps. »

Chez les tyrans, on dit :
« Des coups et des douleurs, on ne discute pas. »

Chez les Afghanes, on dit :
« Les hommes font les lois et les femmes en meurent. »

Chez les poètes, on dit :
« Il faut garder un poème pour la soif. »

Et surtout :
« Petit poème abat grande gueule. »

Suivre la déviation

Pendant que les sages
cherchent le pont,
les fous passent la rivière.

Proverbe croate

Pendant que les sages font des calculs, les fous écrivent des poèmes.

Pendant que les sages pensent et dépensent, les fous rêves et dérivent.

Pendant que les sages additionnent, les fous multiplient.

Pendant que les sages vissent, les fous décollent.

Quand la nuit ne dort que d'un œil, l'horloge prend son temps.

Quand l'an vert vaut l'an droit, la vie sort de ses gonds.

Quand le jour se lève du pied gauche, le soir passe une nuit blanche.

Quand un bleu n'a pas froid aux yeux, les jaunes voient rouge.

Quand la ville bat la campagne, la forêt coupe par monts et par vaux.

Quand les trains sont partis, les quais dansent.

Quand les rivières ont l'eau à la bouche, les ponts ont des fourmis dans les jambes.

Quand la vache prend le taureau par les cornes, le torero rentre dans sa coquille.

Quand le coq couche avec sa poule, les poulets leur font une farce.

Quand le fruit murmure, il faut goûter ses vers.

Quand la lune jette de la poudre aux yeux, les étoiles éthernuent.

Quand le ciel tombe des nues, la terre n'en croit pas ses bleus.

Quand la poésie ne fait pas le printemps, les muses sont mises à l'index.

Quand le poème est tiré, il faut boire les vers.

Médecines

Il est des mots qui,
à peine prononcés,
à peine murmurés,
apaisent en nous des tumultes.
Quand il sait les unir dans leur
vérité aérienne,
le poème est parfois
un merveilleux calmant.

Gaston Bachelard
L'air et les songes

Fièvre
Au point du jour, un vers de Guy Goffette dans un verre à goutte, à ingérer de préférence nue.

Vertige
Un comprimé Guillevic avant chaque ascension d'escaliers, d'échelle, de montagne ou de rocher.

Migraine
Dix minutes de Marie Noël chaque matin après le petit-déjeuner ; même posologie le soir avec Jammes ou Carême.

Insomnie
Une tisane Joubert ou Follain à la mi-nuit sonnante, sous la pleine lune, avec trois gouttes de fleur d'Ascal.

Querelle
Une dragée calmante Norge toutes les dix minutes. Doubler la dose si nécessaire.

Dépression
Trois pages effervescentes de Verheggen toutes les 33 minutes, suivies d'un suppositoire L'Anselme avant la tombée de la nuit.

Paranoïa
Une gorgée de Tardieu, matin midi et soir ; augmenter d'une dose, chaque jour de grand-messe.

Contracture
Une fable de Pierre Coran en application locale sur la zone douloureuse, toutes les douze heures.

Écorchure
Un cataplasme Libert, après désinfection au Brogniet.

Le petit Izoard non illustré

À Jacques,
In memoriam.

Izoard : récompense remportée à l'issue d'une joute nationale et hautement poétique où sont nominés des poètes.
La première cérémonie des Izoard a été retransmise en mondovision et en direct de Liège.

Izoardable : se dit de tout prétendant aux Izoard.
Jacques Delmotte est-il izoardable ?

Izoardage : technique d'écriture qui consiste à barder son poème de métaphores inspirées du grand maître.
Appliqué par un débutant, tout izoardage tend purement et simplement au plagiat.

Izoardance : état d'ébriété éprouvé à l'issue de l'écriture d'un poème, bref, rondement mené.
Son izoardance faisait plaisir à voir.

Izoardassaut : joute entre amis et ennemis du poète Jacques Izoard.
Sous l'izoardassaut des izoardophiles, les izoardophobes reculèrent.

Izoardataire : se dit de tout lecteur n'ayant jamais lu une seule ligne du prince des poètes liégeois.
C'est à Bruxelles que l'on compte le plus d'izoardataires en Belgique.

Izoardateur : calendrier du Nord, renouvelé tous les sept ans, dans lequel chaque jour et chaque nuit de l'année sont associés à un poème de Jacques Izoard.
Mon izoardateur n'est plus à jour.

Izoardature : quadrature du cercle des poètes non disparus.
L'izoardature n'est pas à la portée du premier venu.

Izoardéen : qualité de l'état d'esprit, de l'état d'âme après lectures poétiques.
Son état izoardéen avoisinait l'éden.

Izoardelet : petit poème d'au moins deux vers, de préférence rond et rouge.
Ton izoardelet est délicieux ; il a de la bouteille !

Izoardemment : synonyme en vogue au pays de Liège dès la fin du XXe siècle et qui signifie « poétiquement passionné » ou « passionnément poétique ».
Il lui parlait izoardemment de ses atouts plastiques.

Izoardent : qui éprouve un élan vital à la lecture des poèmes de l'auteur susnommé. Ant. : izoardeux.
De plus en plus de Liégeois sont izoardents.

Izoarder : lancer une pique, épique et poétique, à son semblable.
Ça y est : le v'là qui izoarde encore ; il a trop picolé.

Izoarderie : étourderie légère et sans conséquence de l'orateur qui se trompe de ligne, de page ou de texte.
Par izoarderie, il a commencé son discours par la fin.

Izoardescent : se dit d'un poème effervescent dont les métaphores, les trouvailles sont de purs joyaux.
Ces poèmes sensuels et izoardescents ont valu à leur auteur l'Izoard de l'année.

Izoardeux : qui doute de l'intégrité intellectuelle du signataire de *Dormir sept ans.*
De plus en plus izoardeux, il délaissa pour toujours les recueils de poésie et opta pour le tiercé.

Izoardien : propre à la poésie de Jacques Izoard.
Le jardin est un thème izoardien récurrent dans l'œuvre du maître liégeois.

Izoardiner : émailler ses propos de citations poétiques puisées aux meilleurs crus de l'auteur de *Vin rouge au poing.*
Lors de ses vœux de Nouvel An, le roi Albert II a izoardiné son discours.

Izoardingue : fan du club de J.I.
Tous les izoardingues ont-ils lu Jacques Izoard ?

Izoardisation : procédé utilisé par de viles rimailleurs pour tenter d'obtenir lâchement le premier prix d'un concours de poésie et qui consiste en l'imitation pure et simple du style, pourtant inimitable, du grand poète de la Cité Ardente.
L'izoardisation abusive des poèmes soumis au grand jury du Prix Pyramide a valu la juste exclusion de leur « auteur ».

Izoardiser : conquérir une foule de spectateurs en lisant des poèmes de Jacques Izoard.
La salle complètement izoardisée tombait en extase.

Izoardisme : école liégeoise de poésie qui développa ses fastes dès la fin du premier millénaire après Jésus-Christ.
L'izoardisme est-il un nouvel humanisme ?, thèse de doctorat de Gérard Prunelles.

Izoardiste : adepte de cette école.
On compte de plus en plus d'izoardistes sur les bancs de l'université.

Izoardocher : faire une virée avec ou sans J.I., à Liège, en Roture ou ailleurs, après une lecture poétique. *Quelques izoardingues ont izoardemment izoardoché une bonne partie de la nuit.*

Izoardophile : adepte de l'auteur de *Vêtu, dévêtu, libre* qui double sa lecture des vers d'un lent effeuillage de son corps.
Ant. : izoardophobe.
Parfois, dans de sombres tavernes enfumées du pays liégeois, des izoardophiles, pourtant pacifiques, prennent d'assaut des izoardophobes méchamment égarés en terre poétique.

Izoardose : overdose poétique.
L'izoardose peut entraîner la mort par asphyxie sous le poids considérable des vers.

Izoardu : propre à la forme hermétique de l'auteur de *Rue-sous-l'eau*.
La page 90 des œuvres complètes du poète est izoardue aux non-initiés.

SNCFement

Mesdames
Messieurs
Nous arrivons à Poème-Midi
Nous remercions les lecteurs
Qui descendent à Poème-Midi
D'avoir voyagé avec nous

*

Attention à la marge
En descendant du poème

Notes

L'aphorisme n°6 page 25 a paru dans *Un arbre cogne à la vitre,* © Pluie d'étoiles, Toulon.

Les aphorismes n° 7-8 page 31 et 1-2-3 page 32 sont extraits de *Lalangue du désir et du désarroi,* © L'Arbre à paroles, Amay.

Le petit Izoard non illustré a été écrit à Cointe, en avril 2006, pour les septante ans de Jacques Izoard (1936-2008). Il a été repris dans Matières à poésie !, n° 5, à Liège, en mai 2006, et dans *Au tour de Jacques Izoard,* éditions Boumboumtralala, en août 2007.

Problaimes, a paru dans les Cahiers Jean Tardieu, I, éditions Calliopées, Clamart, mars 2009.
Il a fait l'objet d'une édition confidentielle tirée à 60 exemplaires, accompagnée des solutions dessinées par Pierre Laroche, aux éditions du Ravin, à Digne, en mars 2013.

Avertissement et SNCFement ainsi que la préface de Jean-Pierre Verheggen ont paru dans le n° 39 de La Bafouille incontinente, éditions Boumboumtralala, à Liège, en novembre 2015.

Du même auteur
(Sélection)

Poésie

La route n'enfante que l'adieu, peintures de Raphaël Segura, L'Atelier du Grand Tétras

Un chevreuil dans le sang, L'Arbre à paroles

L'aura du blanc, Le Taillis Pré

Au seuil de l'ange, Vagamundo

Ce qui vieillit sur la patience des fruits verts, anthologie, Le Taillis Pré

Battre l'immense, Corlevour

Un arbre nous habite, photographies de Laurence Toussaint, Atelier du Grand Tétras

Poésie jeunesse recueils illustrés

Un arbre cogne à la vitre, Pluie d'étoiles, Toulon, illustrations de Fabrice Parra

Le bestiaire en folie, Couleurs Livres, collection Carré d'as, Charleroi, dessins de Xavier Laroche

La marmite de la marmotte, éditions Henry, illustrations de Bénédicte Boullet

Alphabet en quête d'auteurs, Ficelle, dessins de Vincent Rougier

Dans les bras du monde, Soc et Foc, illustrations de Nancy Pierret

Où va la lune quand le jour se lève ? Couleurs Livres, collection Carré d'as, dessins de Sylvie Kyral

Vlà l'bon vent, collages de Pierre Laroche, éditions du Ravin

Récits

Une enfance au creux des mots, Couleur Livres

Conte

Le chevalier des sept couleurs, mise en images de Mathieu Schmitt, éditions Vagamundo Jeunesses, Pont-Aven

Essais aux éditions Couleur Livres

Au pays de Magritte regarder lire écrire créer

Au pays de Maurice Carême regarder lire écrire créer

Au pays de Jean Joubert regarder lire écrire créer

Biblio complète sur
www.beatrice-libert.be

Fondée en 2011 par Styvie Bourgeois et Jean-Philippe Querton, Cactus Inébranlable est une maison d'édition wallonne, indépendante, autonome, impertinente et alternative.

Catalogue

Les P'tits Cactus

Des capiteuses pensées, Jean-Philippe Querton, 2011
Les pAnsées (Tome 1) Le ridicule ne tuba, Jean-Philippe Goossens, 2013
Les pAnsées (Tome B) Duo de la fadaise, Jean-Philippe Goossens, 2014
Vos gueules les muettes !, Massimo Bortolini, 2013
Comment abandonner convenablement son chien durant les vacances, Dr Lichic, 2013
Le pas sage à l'acte, André Stas, 2014
L'Ouvroir des Brèves de Comptoir Potentielles, Collectif Oubrecpo, 2014
Sans me soucier de descendre du singe, Georges Elliautou, 2014
Grand cru bien côté, Éric Dejaeger, 2014
Squelettes au haras, Jean-Philippe Querton, 2014
Ces palabres qui cachent l'aphorisme, Paul Guiot, 2014
Demain, on phrase gratis, André Stas, 2015
Coup du matin, coup du lapin, Massimo Bortoloni, 2015
Idées Noires (sur fond sombre), Dominique Saint-Dizier, 2015
Pensées nyctalopes, Jean-Loup Nollomont, 2015
Les texticules du Diable, Jean-Luc Dalcq, 2015
La rechute d'Icare, Michel Delhalle, 2015
Sans envie de rien, Jean-Louis Massot, 2015
Chimères bleues, Jean-Philippe Querton, 2015
Courts, toujours !, Éric Dejaeger, 2015
Le fruit des fendus, Patrick Boutin, 2016
Divers faits, Jacques Sternberg, 2016
Des lettres de la Voie Lactée, Alain Helissen, 2016
Indocile Heureux, Dominique Saint-Dizier, 2016
Double sens unique / Unique double sens, David Greuse / Freddy Tougaux, 2016
L'esprit fera peur, Mickomix, 2016
Les Hamsters de l'agacement, Francesco Pittau, 2016
L'ampleur des astres, Thierry Roquet, 2016
(L')armes à feu et à sang, Jacky Legge, 2016
Blasphèmes à tout vent, Marc Tilman, 2016
Qui mène me suive, mirli, 2017
Les concombres n'ont jamais lu Nietzsche, Serge Basso de March, 2017

Minute d'insolence, # 34 Jean-Philippe Querton, 2017
Anecdoctes, # 35, Dr Lichic, 2017
Pourquoi je ne vote pas et autres inédits, # 36, Raoul Vaneigem, 2017
Les écrivains nuisent gravement à la littérature, # 37, Éric Allard, 2017
Conversations avec un pénis, #38, Styvie Bourgeois & Emelyne Duval, 2017
C'est meilleur que n'importe quoi, # 39, Sammy Sapin, 2018
La mort à petites bouchées, jane agou, # 40, 2018
Les Pets de Damoclès, André Stas, # 41, 2018
Pensées b'anales et idées courbes, Dominique Saint-Dizier, #42, 2018
Les coureurs avaient de ces bouilles, Éric Dejaeger, #43, 2018
Les pAnsées, tome 3, La flûte en chantier, Jean-Philippe Goossens, #44, 2018
Journal d'un mégalo, Jean-Jacques Nuel, # 45, 2018
Totems et tributs, Ben Parva, # 46, 2018
Nid'yeux Nichons, Jean-Luc Dalcq, # 47, 2018
Cécité interdite, Jean-Loup Nollomont, # 48, 2018
Tout est provisoire même ce titre, Mix ô ma prose, # 49, 2019
Derrière l'envers du décor, Joaquim Cauqueraumont, # 50, 2019
HAPAX – 2000 L'odyssée de l'extase, mirli, # 51, 2019
L'horizon se fait attendre, Paul Lambda, # 52, 2019
Une pellicule sur la tête d'un pauvre type, Patrick Henin, # 53, 2019
Sous l'averse en mocassins, Pierre-Alain Mercœur, # 54, 2019
Comme disait l'autre, Dominique Watrin, # 55, 2019
Sentences de solitude, Thierry Roquet, # 56, 2019
Aucun signe d'amélioration, Isabelle Simon, # 57, 2019
Des jours comme ça, Pascal Samain, # 58, 2019
Le souverain poncif, Massimo Bortolini, # 59, 2020

Anthologie

Belgique, terre d'aphorismes - Anthologie subjective, Michel Delhalle, 2018
Silence, Chavée, tu m'ennuies – Aphorismes complets, 2019

Collection poPoésie

Théorie et pratique du haïku raté, Roger Lahu & Hozan Kébo, 2018

Cactus Poche

Buiten, roman, Michaël Lambert, 2018
L'homme à la Chimay bleue, Jean-Philippe Querton roman (réédition), 2018

Collection Pamphlet

La dernière convocation, Christine Van Acker, 2017
La grande supercherie chrétienne, Théophile de Giraud, 2019

Recueils de nouvelles

Assortiments de crudités, collectif, recueil de nouvelles érotiques, 2013
Un dernier ver ? Michel Thauvoye, 2016
Le petit Jésus et la vie sexuelle des poètes, Éric Dejaeger, 2016
Ma voisine a hurlé toute la nuit, Anne-Michèle Hamesse, 2016
Contes espagnols, Lorenzo Cecchi, 2016
T'as des nouvelles de JPé ?, Jean-Philippe Querton, 2016
Outrages de dames, Isabelle Simon, 2017
Blues Social Club, Lorenzo Cecchi, 2017
Le neuvième orgasme est toujours le meilleur, Anne-Michèle Hamesse, 2019
Assis !, Jo Hubert, 2019

Collection Cactus Noir

La saga Maigros, Éric Dejaeger, 2011
L'homme à la Chimay bleue, Jean-Philippe Querton, 2012 (réédition en format poche en 2018)
Mallaurig, Gauthier Hiernaux, 2012
Dis, petite salope, raconte-moi tout..., Olivier Bailly, 2012

Galop décès, John F.Ellyton, 2012
Les Perdants, Jean-Philippe Querton, 2013
L'important, c'est la sauce, Michel Thauvoye, 2013
Un privé à bas bilan, Éric Dejaeger, 2013
Fume, c'est du belge, John F. Ellyton, 2014
La Fraternité des Atomes, Gauthier Hiernaux, 2014
Maigros se marie, Éric Dejaeger, 2018

Romans

L'Albert Audoulin ou du parallélisme des voies ferrées, Jean-Marie Vermande L'Herm, 2014
La sortie est au fond du couloir, Jacques Sternberg, roman inédit, 2014
Et que l'ongle soit réincarné !, John P. Barrywell, Traduction : Jean-Paul Verstraeten, 2015
Déséquilibres ordinaires, Françoise Steurs, 2017, Prix Mons Livre 2017
La suite !, Georges Elliautou, 2018
Un orval des ors vaut, une aventure du Poulpe, John Ellyton & Éric Dejager, 2019

Humour

Mijn vader is groot ou Comment je suis devenu un con qui ne parle pas le néerlandais, Dominique Watrin, 2011
Grand, biesse et méchant, Dominique Watrin, 2012
Un cactus dans le waterzooï, Jérôme de Warzée, illustré par Kanar, 2012
Calmez-vous ! (Livre-CD), Jean-Michel de Beyne-Heusay, 2013
On n'est pas pressés, Sic et Pad'R (Préface de Jean-Luc Fonck), 2013

Les autres

La méthadone m'a tué, Giovanna Piras & Jean-Philippe Querton, 2013
La poésie habite au 21, collectif Unimuse, 2015
Animaux Sapiens, Bobette Jouret, 2017
Contes sur le tapis, Miris, 2018
Contes sur le tapis – Le spectacle, Miris, 2019

Tous ces titres sont disponibles chez
les libraires ou sur le site de l'éditeur :
https://cactusinebranlableeditions.com/

Besoin d'une information :
cactus.inebranlable@gmail.com

En France, les ouvrages de
Cactus Inébranlable éditions
sont distribués par
la Librairie Wallonie-Bruxelles
librairie.wb@orange.fr

ACHEVÉ D'IMPRIMER DANS
L'UNION EUROPÉENNE
POUR LE COMPTE DE CACTUS
INÉBRANLABLE ÉDITIONS
EN FÉVRIER 2020

ISBN : 978-2-39049-006-7

DÉPÔT LÉGAL MARS 2020